LICHTSCHNEE

im Wortraum

Peter Heinl

LICHTSCHNEE
im Wortraum

THINKAEON

Copyright © Peter Heinl, 2016

Thinkaeon®

Thinkclinic® Publications

Thinkclinic® Limited

32 Muschamp Road

GB London SE15 4EF

ISBN 978-0-9935802-1-5

Der Autor/Verlag dankt für das Respektieren des folgenden Hinweises: Alle Rechte vorbehalten. Der Nachdruck ist, auch auszugsweise, nicht gestattet. Kein Teil dieses Werkes darf ohne schriftliche Einwilligung des Autors/Verlags in irgendeiner Form (Fotokopie, Mikrofilm, Digital, Audio, TV oder irgendeinem anderen Verfahren) – auch nicht für Zwecke der Unterrichtsgestaltung – reproduziert oder unter Verwendung elektronischer Systeme verarbeitet, vervielfältigt oder verbreitet werden.

www.thinkclinic.com

drpheinl@btinternet.com

Twitter: @DrPeterHeinl und @Thinkclinic

Facebook: peter.thinkclinic und thinkclinic

LinkedIn: Peter Heinl

Xing: Peter Heinl

Gestaltung und Umsetzung: uwe kohlhammer

Umschlagabbildung: Peter Mittmann

Meinem Vater,

unvergänglichem Begleiter auf frühen Wortwegen

in dankbarer, leuchtender Erinnerung

gewidmet

INHALT

Vorwort 9

I 15

II 65

Dank 135

Über den Autor 137

Bücher von Hildegund Heinl und Peter Heinl 139

VORWORT

So sehr, und oftmals entscheidend, der Lauf der Dinge in der äußeren Welt wie auch unser Lebenslauf von Überraschungen, Unvorhersehbarkeiten und Unwägbarkeiten geprägt sind, so wäre es doch eine Illusion zu glauben, dass nicht auch der in der Schädelkalotte befindliche Kosmos, wie ihn schon der berühmte Astronom Johannes Kepler bezeichnet hat, völlig unerwarteten, das Vorstellungsvermögen übersteigenden Geschehnissen unterworfen sein kann, die überraschende, spürbare und nachhaltige Entwicklungen auslösen können.

Nichts und auch nicht das geringste Vorzeichen bereiteten mich darauf vor, als ich eines Abends Anfang Mai 1990 die erste einer Serie sogenannter Erhellungserscheinungen erlebte, die sich durch höchst intensive, in ein irisierendes, bläulich schimmerndes Licht getauchte innere Wahrnehmungen auszeichneten, die ich mit dem Begriff der Topologischen Formationen bedachte und in meinem Buch *Licht in den Ozean des Unbewussten* detailliert beschrieben habe.

Ähnlich sollte es mir drei Jahre später ergehen, als ich, ohne die geringste Vorahnung, am Morgen des Neujahrstags 1993 erlebte, wie sich plötzlich ein ergreifend helles, irisierend leuchtendes Licht in den Innenraum ergoss, ja ihn förmlich überflutete, ohne jedoch, wie ich es vielleicht hätte erwarten können, im Zustand einer rein sinnlichen Erfahrung verhaftet zu bleiben, sondern, als verfügte das Licht über einen Zauberstab, in schneller Folge Worte in meinem Bewusstsein aufleuchten ließ, die sich mir mit solcher Vehemenz aufdrängten, dass es mir nur mit Mühe gelang, sie zu Papier zu bringen.

Ähnlich wie im Fall der oben zitierten Erhellungserscheinungen war die innere Lichterfahrung des Neujahrstags 1993 für sich besehen ein höchst bemerkenswertes, wenn nicht dramatisches Geschehen. Dies betraf auch die schiere Vehemenz, mit der die Worte, ausgelöst durch das Licht, in mein Bewusstsein geschleudert wurden – als handelte es sich um die Eruption eines fiktiven Sprachvulkans, der ähnlich wie in den vorausgehenden drei Jahren im Zuge der Erhellungserscheinungen erneut ausbruchsartig Worte in das Bewusstsein spie, völlig unbekümmert um logisches Denken, das Knüpfen von Sinnzusammenhängen und fern aller Bemühungen und Besorgnisse um ein Verstehen – als bestünde das Anliegen des Vulkans einzig und allein in dem Ausschleudern von Worten aus dem fluiden Magma des Unbewussten.

Gewiss ist die Frage berechtigt, welcher Sinn darin liegen mag, jenseits konventioneller Sichtweisen die Dynamik eines lichtkatalysierten Wortprozesses, wie die des im vorliegenden Buch beschriebenen, darzustellen. Dieses Argument ist nicht von der Hand zu weisen. Aber es ist mit aller gebotenen Zurückhaltung meine Auffassung, dass es ein legitimes Anliegen ist, nicht nur den durch die Mühle der Logik geschliffenen Endzustand von Wortwerken darzustellen, sondern auch gewissermaßen das heiße Rohmaterial von Worten, die, frisch an die begreifbare Oberfläche des Bewusstseins geschleudert, noch keine Sinnverbindungen gefunden haben, sich noch mit spielerischer Leichtigkeit, Unbekümmertheit und Experimentierfreude auf sinnlose Worttänze einlassen, noch nicht gebändigt von den Zügeln der Logik und unbelastet von dem Gedanken, ob sie einen Sinn vermitteln oder nicht – ein pures Zelebrieren des Wortseins an sich.

In diesem Sinn wünsche ich den verehrten Leserinnen und Lesern des *Lichtschnee* die eine oder andere fruchtbare Begegnung mit dem Licht im Innenraum und den einen oder anderen hieraus sprudelnden, kreativen Impuls, ja, freudig-sprudelnde Anregungen.

Sommer 2016   Peter Heinl

Verehrte Leserinnen und Leser, ich bitte um Nachsicht, wenn ich im nachfolgenden Text allein um der optischen Ästhetik willen, und nicht aus mangelndem Respekt vor der korrekten Orthografie, auf den Gebrauch des scharfen ß Schriftzeichens verzichtet habe.

I

licht

in

in

in

in

mich

in

mich

fällt

trinkt

mich

mich

ich

ich

in

ich

bin

licht

ich

in

lichtschimmel

in

mich

reitet

hell

hell

hell

hell

weiss

schimmel

weiss

weiss

weiss

weiss weiss

weiss weiss weiss

lichtweiss

lichtweiss schimmel

reitend

weiss trinkend

licht trinkend

weiss licht trinkend

ich

in

ich

lichtritt

in

licht rittlings

in

mich

lichtschimmelritt

in

in

hell

hoch

lichtschimmel

in

lichtkreis

hell

lichtig

sichtig

wichtig

in

in

in

ich

lichtschimmel

lichtschimmel reitend in mich

lichthimmel

ich

lichtschimmel

hoch

in

himmel

himmelhoch

weiss

ich

lichtstimmig

lichtweiss

ich

in

in

in

weiss

in

weisshimmel

lichtschimmel

schimmelweiss

ich

reitend

ich schimmelreiter

ich

lichtpferd

lichtross

in

ich

in

lichtwagen

lichtschimmelross

ich

lichtschweif

in

in

milchlicht

trinkend

still

trinkend

stillend trinkend

ich

in

milchstrasse

in

milchstrassenlicht

in

licht

tränkend

ich

ich

ich

ich

in

lichtkreis

kreisbelichtet

in

lichtschimmel

in

schimmelreiter

in

milchstrasse

in

sichellicht

blinkend

in

in

weiss

trinkend

in

milchweiss

in

licht

in

licht

schwimmend

in

milch

trinkend

schwimmend

ich

in

lichtmilch

schwimmend

ich

still

lichtschweifreitend

ich

in

in

in

in

in

in

in

weiss

ich

in

lichtweiss

milchschweifig

schimmelreitend

blinkend

in

sternlicht

ich

weissstirnig

milchhirnig

ich

lichttrinkend

trinklicht

sichtend

ich

milchlicht

blinkend

ich

silber

licht

sichelreitend

ich

ich

lichtweiss

milchstrassenlicht

reitend

schweifend

trinkend

schwimmend

binnend

binnen

binne

binn

bin

bin

bin

in

in

licht

licht

licht

licht

in

in

licht

in

licht

in

lichtin

inlicht

in

bin

bin

ichlicht

lichtich

lichtichin

ichlichtinlicht

inlichtinlichtinlichtin

in

lichtmilch

in

lichtmilchtrinkend

in

lichtmilchtrinkendinmichlicht

in

lichtlichtlichtinlichtichlichtmilch

ilchend

ichtrinkend

milchend

in

in

in

in

in

stirnmilch

in

milchstirn

in

milchstern

ich

milchstrassentrinkend

in

licht

schimmelreitend

lichtstirnig schweifend milchig reitend

in

birkenlicht

blinkend

schweifwinkend

weiss

ja

weiss

in

lichtkreis

in

lichtfall

in

weisslicht

in

in

milchtrinkend lichtschimmel

milchstrassenreiterstirn

in

gestirne

in

lichtbirke

in

hell

in

lichtung

in

birkenlicht

in

weiss

lichtmilch

still

in

lichtkreis

in

milchstill

in

stillmich

ich

licht

ich

weiss

ich

milchweiss

ich

lichtschimmelweiss

ich

wissend

ich

lichtweisswissend

ich

in

in

in

in

in

stirnlicht

in

sichel

in

lichtsichel

ich

milchstilllicht

in

licht

in

zwielicht

in

milchlicht

in

nachtstill

in

lichtnachtstill

ich

milchstill

in

in

in

in

licht

in

still

still

still

in

birkenstill

in

licht

in

milchlicht

in

licht

bricht

still

in

stillmilch

lichtstillmilch

in

stillstirn

in

stirnstilllicht

in

in

in

in

in

in

in

in

in

in

sich

in

sichel

in

sichellicht

in

sich

in

sich

still

in

sich

stimme

in

sich

in

sich

stimmig

in

licht

in

lichtstill

in

lichtstillstimmig

in

schimmellichtstimmig

in

lichtschimmelreiter

in

stilllichtstimmig

in

stimmigstilllicht

in

in

in

in

in

in

in

lichtstirn

in

lichtstirnstimmig

in

lichtschweifschimmelreiter

in

lichttrinkend

in

milch

in

weiss

in

still

in

stimmig

in

milchstimmig

in

stimmigweisslicht

in

schimmelweiss

in

weiss

in

ich

ich

in

ich

in

weiss

ich

in

milch

ich

in

still

ich

in

stimmig

ich

in

licht

ich

in

lichtweiss

ich

in

weiss

licht

ich

in

lichtweiss

ich

in

schimmellicht

ich

in

stimmig

ich

in

lichtstimmig

ich

schimmelreiterstimmig

in

lichtweiss

trinkend

ich

milchstrassetrinkend

weiss

ich

weiss

lichtmilch

lichtmilchstrom

fliessend

ich

schimmelreiter

fliessend

weiss

in

milchweiss

ich

in

himmellicht in schimmelreiter

ich

still

in

sicht

in

lichtsicht

in

birkenlichtsicht

in

ichsicht

in

in

ichsichtlicht

ich

licht

weiss

in

milch

in

still

trinkend

in

sicht

in

milchsicht

in

lichtsicht

in

sternsicht

in

milchstrassensicht

in

lichtmilch

trinkend

in

in

innen

in

mich

in

innenlicht

in

kreis

in

innenlichtkreis

in

schimmelreiter

in

mich

ich

in

mich

in

michreitend

in

kreis

in

lichtkreis

in

in

michlichtkreis

reitend

in

in

michlicht

in

michstilllicht

reitend

schweif

lichtschweif

in

lichtschweif

in

mich

lichtross

in

lichtwagen

in

milchstrasse

in

mich

ichschimmel

schimellichtreitend

ich

sicht

ich

in

bricht

licht

trinkt

still

in

milch

bricht

in

lichtschimmel

in

sicht

in

bricht

licht

in

ich

bricht

ich

sicht

in

ich

lichtschimmel

bricht

birkenlicht

in

innen

in

innenlicht

in

innenlichtichschimmelreiter

in

ichschweif

in

ichschweiflicht

in

lichtinnenkreis

ich

innenlicht

hell

hell

hell

lichthell

hell

ja

hell

licht

ja

lichthell

ja

helllicht

ich

in

helllicht

ich

schimmelreiter

in

helllicht

ich schimmelreiter in lichthelle

ich

lichtschimmelreiterlichtschweif

ich

lichtinnenlichtichlicht

in

milch

trinkt

sinkt

ich

sinkt

in

milch

trinkt

birkenlicht

in

ich

milchstrasse

in

lichtmilch

in

schimmellichtwagen

in

mich

in

schweiflicht

in

lichtfall

in

licht

sinkt

in

lichtstirnlicht

in

still

in

birkenlicht

in

blind

in

lichtblind

in

milchblind

in

stillblind

in

in

lichtross, wagenblind

in

milchstrasse

in

stirnblind

ich

in

ich

in

blind

ich

lichtblind

in

blind

in

blind

in

blind

blind

blind

in

ich

blind

ichblind

ich

ichblindich

in

ichblindschimmelreiter

in

licht

hell

ich

blind

in

ich

milch

in

milchblind

ich

in

blind

blind

sichtblind

in

trinkt

in

blindtrinkt

in

lichtblindtrinkt

in

milch

in

in

in

blind

in

in

in

in

in

in

in

in

in

ich

ich

in

lichtblind

in

dunkel

dunkeldunkel

in

dunkel

in

lichtdunkel

in

dunkellicht

in

dunkel

in

in

in

in

dunkel

in

in

in

ich

in

in

in

in

in

in

ich

in

in

in

in

in

un

un

dunkel

II

licht

hellte

in

meinen innenraum

als ich am morgen

im

halbschlaf lag

eine dunkle landschaft

weit gezogen

wurde plötzlich

von einem lichtkreis

überflutet, erhellt, belichtet

in einen übersinnlichen glanz

getränkt

als ziehe auf einem lichtweissen

ross

eine lichtgestalt in sie ein

nicht um macht auszuüben

sondern um kraft eines lichts

zu erhellen

wo vorher das dunkle

war

verhüllt in schwere wolken

da schwebte licht

ja floss ein lichtstrom

den ich ich nicht nur sah

wie ich das licht in der aussenwelt sehe

in birkenblättern, in der lichten weite

spiegelnder seen

nein ich sah es

und in dem augenblick

als licht wurde

wurde auch es licht

in mir

und ich wurde ich

ich konnte nicht mehr trennen

was licht war

und was ich im licht war

oder was ichlicht

oder lichtich

oder

l-ich-t

war

aber es beunruhigte mich

nicht

ich wusste es war wirklich

ja wirkl-ich

oder genauer gesagt: wirk-l-ich-t

und es war überwältigend

und übersinnlich

im licht zu sein

in der gnade des lichts

am ersten tag

eines neuen jahres

so unerwartet

und unverdient

ein kleine kerze

im weltall

die sich

so ganz unvorhergesehen

in licht

in milchstrassenlicht

getaucht fühlte

schwebend

trinkend

sichtend

lichtend

ich war noch der gleiche

der gleiche körper

die gleiche schuhgrösse

das gleiche rasierwasser

die gleiche lieblingsmusik

die gleichen strümpfe

der gleiche gang

das gleiche geburtsdatum

die gleiche stimme

der gleiche weg in das arbeitszimmer

der gleiche griff

um meinen schreibcomputer anzuschalten

die gleiche hochgezogene kerze

auf dem schreibtisch

die gleichen drei weissgeschnitzten affen

auf gelblich orangenem ostseebernstein

ja es war alles das gleiche

und vieles würde wohl auch das gleiche

bleiben oder sich nur langsam verändern

weil ich ein langsamer mensch war

und doch war ich plötzlich innerlich

in licht getaucht, als habe jemand vor

mir ein füllhorn an licht ausgeschüttet

ich war licht geworden

alles war das gleiche

und doch war alles anders geworden

schlaglichtartig

licht

ich

in

licht

in

licht trinkend

in

licht wiegend

in

licht stillend

in

licht sehend

in

licht seiend

in

licht brechend

in

licht benetzt

in

innenlicht sinnend

auf einem weissen schimmel

in

weisslicht

in

lichtweiss

wissend

reitend

in

ein lichttor

reitend

hoch

auf

dem lichtross

in

ein lichtreich

wo vorher dunkel war

die wolken zogen zurück

die gestirne

lächelten

die milchstrasse

winkte

die sichel

blinkte

ich

trinke

weissgeschweift

auf dem schimmelweissen schimmel

reitend durch das lichttor

in rosen getaucht

in lichtdüfte

in

die lichte

weite

lichte zügel haltend

in lichtem trab

weiss

ich

weiss

das lichtross

schimmert

wie

lichte seen

im weiss

ihrer beschichteten milchstille

wie

lichter wind

im spindellicht

weissen mohns

wie

sichelstirn

im

blättrigen schnee rosengetupfter molke

wie

windhirne

im

sehnen raschelnder antilopen

wie

sternschweife

im

smaragd seltener orchideen

wie

lichthölzer

im

lichtrohr stillsäumiger rinde

wie

moschusrochen

in

der

lichttinte rosenbeschneiter felsen

wie

blindwale

in

der

lichtschwere wälzender wollwogen

wie

firnisse

im

lichttaumel pfauengefiederter astern

wie

lichtwehen

im

vergoldeten atem ertrinkender sterne

wie

falken

in

lichtwehen verwindender irrlichter

wie

warten

im

lichtsaal spiegelnder goldhörner

wie

wiegen

im

lichtspiel spirrenden goldregens

wie

muscheln

im

lichtwasser balzender mondmähnen

wie

ähren

im

sindlicht wehender kometen

wie

zwirnis

im

kern gelichteter kokosschalen

wie

stillsicht

im

flusssilber verwegener blaukrabben

wie

blutorangen

im

tango versunkener armaden

wie

flutlichter

im

hornsturm verewigter hände

wie

bögen

im

spannlicht gewichteter nacht

wie

schluchzen

im

grünspan gerissenen stilllichts

wie

feuer

im

mondlicht gefundener vliese

wie

funken

im

turm rubinener künste

wie

tollwut

im

wagnis gelichteter achseln

wie

handkuss

im

forellenlicht verwaister findlinge

wie

krater

im

kummer rändiger jasmine

wie

sturmflaggen

im

blauwind sehender augen

wie

torheit

im

hohldorn geritzter amseln

wie

palmen

im

florett venezianischer gondeln

wie

blondlinge

im

türkis wolkenleerer windhauche

wie

stierlinge

im

silberwind gesternter balustraden

wie

strände

im

mondhall geräucherten kupfers

wie

turmwehen

im

abendlicht gefetzter sonnen

wie

seiten

im

lichtklang roter don giovannis

wie

stufen

im

schimmer getretener silberscheiden

wie

weinen

im

schilf schuppender goldspäne

wie

schnarchen

im

rosenbeet lächelnder sägen

wie

stirnwind

im

lindsand schillernder apfelblüten

wie

sternstaub

im

bahnhof gemundeter trompeten

wie

salzflüsse

im

parkett verlöteter silberlinien

wie

horizonte

im

vergessen verendeter rindrücken

wie

hörner

im

spagat verlorener wüsten

wie

gleise

im

suchen verweichter silberminzen

wie

holunderstürme

im

verwobenen weiss purpurner elche

wie kürbisse

im

kahnlicht verbauchter schnäbel

wie

kamarane

im

smaragdgrün wankender küsten

wie

küsse

im kornblau schluchzender boote

wie

segel

im

tarnrot geblendeter hirne

wie

goldlaub

im

schoss verwunschener häfen

wie

sternzeit

im

lautvollen purpurschneckenklang

wie

monde

im

aufschritt betürmten vergessens

wie

kammern

im

schweigen murmelnder silberkugeln

wie

fernrohre

im

glaslicht rauhreifer lichtwehen

wie

gefieder

im

suchtsinn getürkter gebeine

wie

mandelkerne

im

fahrtwind geblendeter wehmute

wie

wirrnis

im

tempel verklingender urnen

wie

ränder

in

milchbuchten verschenkter forellen

wie

kähne

in

lichtmähnen granitener versuchung

wie

schenkel

im

blau verwehter gestade

wie

kolonnaden

im

blattgelb vermondeter ferne

wie

flanell

im

brandhell verwogener ställe

wie

wunden

im

hellschrei gerissener vulkane

wie

hirse

im

feinkraut gebogener lichtwege

wie

stollen

im

sund verwelkter stunden

wie

lichtblicke

im

kornett verstaunter silberstäbe

wie

heere

im

lichtwinter verwaister wallache

wie

blinde

im

rachen vermohnter kernspiesse

wie

fluchtburgen

im

himmel vergebener amulette

wie

kränze

im

sturmlicht verlassener barken

wie

widder

im

flussbett verwählter gemonde

wie

zelte

im

alabaster vertrösteter kelter

wie

kornhufe

im

stilett versilberter sindspiele

wie

kundlichter

im

halbkreis beschatteter vernissagen

wie

flanken

im panthergriff geströhnter flotten

wie

gruften

im

tanz verwildeter knochen

wie

astern

im

lehnstuhl verrannter versündigung

wie

unken

im

korb betrunkener flösse

wie

stundheit

im

anblick wankender silberfäden

wie

turbane

im

kloster verhaltener gebärden

wie

blindhähne

im

turtellicht gestelzter haie

wie

liebkosungen

im

schalenlicht beharzter tinktur

wie

wände

im

seitenklang beroster beete

wie

wege

im

lichtverzicht versöhnter weichen

wie

klänge

in

silberauen verwolkter samen

wie

inseln

im

lichtteich verschuppter gelinde

wie

falter

im

schattenspiel trunkener wirbel

wie

flundern

im

klabauter verstielter kronen

wie

windhörner

im

wandel bemuster klaviere

wie

karawanen

im

lippsand veraugter oasen

wie

teller

im

stechschritt vergilbter testamente

wie

glanzdorne

im

wagemut verkarteter kreuzwege

wie

lilien

im

handwind gelechzter vergebung

wie

strandhüte

im

quartett vereinsamter schritte

wie

perlhühner

im

tango verfremdeter karusselle

wie

kataster

im

ammenlicht gestorbener meerbusen

wie

korallen

im

kornfeld verwaister kostbarkeiten

wie

spiralen

im

eisbett klagender wünsche

wie

töne

im

fagott lichttrunkener melodien

wie

dämme

dornbirnen

im

zinnoberlicht geschwängerter zelte

wie

truthähne

in

krallen verfiedeter taue

wie

celli

im

keller gelichteter hirnkerzen

wie

schlünde

im

arm geröteter eiszeiten

wie

verliese

im

katalog verkelchter aquarelle

wie

stille

im

dank schindender zweige

wie

wachsmut

im

kessel schimmernder äpfel

wie

sandstein

im

flair kosender samtheit

wie

schilftraum

im

wiegen wandelnder sicheln

wie

flusssand

im

astlicht erhellter ilitisse

wie

starrkrampf

im

rotlaub blauer spannbögen

wie

splitter

im

atem metallener flüchte

wie

lieder

im

steg verlandeter krönung

wie

degen

im

gespecht blutender kerzen

wie

wasser

im

blicklicht schneidender kiele

wie

stimmung

im

träumen sprachloser gemächer

wie

beeren

im

glanz schwindender süsse

wie

ranzen

im

wirbelwind entnahter schritte

wie

hände

im

warmlicht fliessender haut

wie

spechte

im

goldton verklärter rinde

wie

spiegel

im

klirren besaumter kurtisanen

wie

auen

im

mondlicht erhellter rehe

wie

tänze

im

strom bemundeter beine

wie

kähne

im

taumel besäter fontänen

wie

giraffen

im

wachs gekochter kilimandscharos

wie

lunten

im

wehspann verwehter gedanken

wie

hornissen

im

schulterblatt gestillter adern

wie

narben

im

irrlicht verkrusteter schnepfen

wie

mangos

im

palmduft versengter wogen

wie

flüster

im

phlegma berittener kelche

wie

murren

im

lustlicht verschriebener opern

wie

reigen

im

sterben singender sensen

wie

kindklang

im

zeugnis verwaschener silbsteine

wie

hammer

im

ton vermohrter rondos

wie

stilleben

im

siellicht geweihter fluten

wie

falken

im

stierlicht rasender gebirne

wie

schäme

im

steuer gebündelter strömung

wie

flossen

im

hain sterbender gräber

wie

hecken

im

sternschritt gehauchter zeit

wie

almen

im

wiegschritt perliger wasser

wie

elephanten

im

rausch blinkender rochen

wie

kaktus

im

angriff wütender wehen

wie

zylinder

im

lichthahn verkreister getürme

wie

meteore

im

lichtfall geschämter milch

wie

orgeln

im

aufwind quirliger bachflügel

wie

kantaten

im

kreuzlicht sterbender münder

wie

wurzeln

im

ahnen verlebter gemärke

wie

tränen

im

windrad lustvoller geschmeide

wie

heide

im

antlitz besprengter gesänge

wie

busen

im

milchklang gehändeter stillung

wie

zäune

im

sichelfeld zirpender horizonte

wie

haare

im

wirbel holpriger sehnsucht

wie

akkordeone

im

wind betörender töne

wie

goldener sand

im

hafen bewegten verlangens

wie

wolle

im

silberlicht

im

flusslicht

im

blindlicht

im

stirnlicht

im

lichtweiss

im

weisslicht

im

turmlicht

im

lichtwissen

im

lichten, grossen wissen

in der lichtwüste unendlichen wissens

im wissen unendlichen wissens

in der wüste

unendlichen versandeten wissens

in der lichtwüste

im lichten wissen in der wüste

im lichten wissen in der lichten wüste

im lichtwissen in der lichtwüste

im

licht

licht

licht

hell

licht

hell

licht

blendung

lichtblendung

blind

licht

blind

licht

blind

dunkel

nein

nein

dunkel

nein

lichtblind

nur

lichtblind

nein, kein dunkel

will kein dunkel

licht

wille

licht wille

lichtwille

wille will licht

will lichtwille

will kein dunkel

nur

licht

zwielicht

mondlicht

nordlicht

ährenlicht

sinnlicht

erdlicht

milchstrassenlicht

sternlicht

sichellicht

wogenlicht

schmerzlicht

kerzlicht

harzlicht

herzlicht

schlaflicht

koselicht

mundlicht

augenlicht

wiegelicht

licht

selbst blindlicht

aber kein dunkel

lichtschrei

schrei

licht

nur licht

lichtstürme

lichtbogen

lichtkähne

lichtbarken

lichtmeere

lichtberge

lichtwinde

lichtstürme

lichttürme hoch bis ins licht

lichtwolken

lichtjahre

lichtträume

lichtgeschwindigkeiten

lichtbilder

lichte bilder

lichtkränze

lichtschauer

lichtsprache

lichttore

tore in die lichtsprache

lichtgedichte

lichttöne

lichtweihen

lichtliebe, liebe im licht

lichtorgeln

lichtschwaden

lichtmyriaden

lichte gedanken

sprachlichter

lichtsinne

lichtkähne

inseln im licht

mehr licht, meerlicht

lichthorizonte

lichtbäume

lichtträume

lichtwesen

lichtklirren

lichttänze

lichttaumel, taumel im licht

lichtergüsse in geysiren

licht

licht

licht

ich

ich

in

in

licht

trinkend

sinnesinkend

lichtsingend

lichtsprechend

lichtsichtend

lichtsuchend

lichtkielend

lichtfindend

lichtstaunend

ja staunend

lichtfarben

weiss

rot

blau

lichtlos

grüne pyramiden

gelbe kelche

rote rosen

helle säle

grelle kerne

lichtmalen

licht malt sich

purpurschnecke im licht

dichtet sich malven

blau

schwimmt

in tintentürkis

wähnt sich zeitig

sinnt gelb

leckt kürbis

lässt

wogen wiegen

still birken

flicht

orangene blüten

blindet vergessen

kennt wege

sternt segen

purpurschnecke

lichtet und dichtet

trinkt

in wolkenmolke

singt

in flötentönen den klang der sirenen

gestirnte perlen fliessen

ins suchtgrün

korkenverwesen

verwildert

verwangen

vergilbt

und verhangen

im sindlicht der zeit

im bereit

im sichelklang

im goldenen fang

der lindheit

im wellenden licht

im purpurglühenden vergehn

im verwehn

im windenden licht

so sicht

wie sinngesicht

im muschelgedicht

im

im

trinkenden licht

moschusverwunschen, muscheltrunken

kränzend im licht

wo niemand gräber flicht

wo lichte winde wehn

und ferne frauen stehn

wo tränen sinken

lichter blinken

wo hohe türme schweben

und land und licht in fülle leben

wo lichte kähne trieben

und blaue töne stieben

wo helle stirne wagen

und lichtgestirnen sagen

zeit

sei bereit

wo hornissen

sich küssen

und aus blauen grüssen

sichelmonde schiessen

wo die erde

und die gebärde

sich verschenken

und sich tränken

in lichtbesamter lust

und du im wilden sturme ruhst

wo ähren schreien

und kirchen lichtvoll weihen

wo kinder blutrot mimen

und blaue fische silbern kiemen

wo sichelmohne

auf goldner krone

sich verschweigen

und in wortbetautem reigen

sich geben

und glanzvoll verweben

im stillenden verschweben

im milchigen sinken und heben

in lichtmeerstegen

wo hechte

und spechte

wo blendender stier

und wurzelgewirr

wo wankende töne

und feuergestöhne

sich in lichtberandeten banden

verwandeln

ohne im ziel zu versanden

wo klirrende schilde

lichte gefilde

wo ästende wolken

blindlings silbernen widdern folgen

wo gründe

und schlünde

blauen

und schauen

in der kälte

unendlicher gezelte

wo lichte wehen

und laute gehen

wo berge lichthals schreien

ohne zu verzeihen

wo ströme lichtverwogen fliessen

und in tiefe vasen giessen

wo alabaster stillt

und licht aus goldnen adern quillt

wo bär im rachen rund

trägt rubinroten mund

in dieser lichthuld stund

wo eichen

im lichte erweichen

die worte in fluten peitschen

wo lichte pferde lichtsteppen reiten

durch weite weisse breiten

wo horizonte licht bestaunen

und lichte unken raunen

wo durch sanfte birken

lichte wurzeln wirken

wo blaue wogen lichtvoll wiegen

und worte sich im licht verbiegen

wo ferne sande lichter trinken

und trichter lichtbeschwert versinken

wo an goldnen orten

schiffe steigen, lichterfüllt mit worten

wo wale

und schale

im lichte sich wiegen

wie auf samtenen stiegen

sie in lichtleichte wolken führen

wo nur lichte im berühren

sich lichtsanft spüren

trunken

in blauer sternentunke

in schalenverwobener sinnlichkeit

im lichthulden schimmer

im gestirnenglimmer

jetzt und immer

im spiegelgesicht

licht

licht

lich

ich

DANK

Ich schätze mich glücklich, Menschen um mich zu wissen, die meine Arbeit auf solch engagierte Art und Weise unterstützen.

Silvia Moser gilt mein großer, freudiger Dank für ihre liebenswürdige Bereitwilligkeit, sich der Lektüre des vorliegenden Schriftwerks zu widmen und mir ihre überaus wertvollen Rückmeldungen zukommen zu lassen.

Es ist mir eine große Freude, Uwe Kohlhammer für das lebhafte Interesse zu danken, das er dem *Lichtschnee* entgegenbrachte und für den Elan und das Flair, die er in die Gestaltung des Layouts einfließen ließ.

Susanne Kraft danke ich vielmals dafür, dass sie wie immer, so auch dieses Mal, ihre besondere Kompetenz und ihr Sprachgefühl der Durchsicht und, um ein noch nicht existierendes Wort zu gebrauchen, der 'Durchlicht' dieses Buches zukommen ließ.

Peter Mittmann gilt mein Dank für die Großzügigkeit, mir sein Foto der von ihm entworfenden Lichtskulptur zur Verfügung zu stellen, die der Kirche zu Gelmeroda bei Weimar mit ihrem spitzen Turm einen bis hoch in den Nachthimmel reichenden, leuchtenden Glanz verleiht, und den bedeutenden Platz, den diese Kirche in der Geschichte der modernen Kunst erworben hat, unterstreicht.

ÜBER DEN AUTOR

Dr. med. Peter Heinl MRCPsych
Arzt für Psychiatrie, Psychotherapie und Familientherapeut

Medizinstudium an den Universitäten Heidelberg, Montpellier (als Stipendiat der Universität Heidelberg), Bochum, Hamburg und Freiburg

Wissenschaftliche Arbeit bei Prof. Dr. Dr. J. C. Rüegg und dem Nobelpreisträger Sir Andrew Huxley OM PRS

Magna cum laude Promotion

DAAD Forschungsstipendiat

Postgraduate Training in Psychiatrie und Psychotherapie am Maudsley Postgraduate Teaching Hospital sowie Sheldon Fellow des Advanced Family Therapy Course an der Tavistock Clinic in London

Klinische und Seminar-, Ausbildungs- und Lehrtätigkeit

Mitglied des Royal College of Psychiatrists, London

International Fellow der American Psychiatric Association

Mitglied des Deutschen Kollegiums für Psychosomatische Medizin

Mitglied des Wissenschaftlichen Beirats Holocaust Center Austria

Patron des Children-in-War Memorial Day Project, London

Mitglied weiterer Fachgesellschaften und wissenschaftlicher Beiräte

Verfasser zahlreicher Publikationen in den Gebieten Muskelphysiologie, Psychiatrie, Psycho- und Familientherapie, Psychosomatik und Psychotraumatologie

Autor der Bücher

„MAIKÄFER FLIEG, DEIN VATER IST IM KRIEG ..."
Seelische Wunden aus der Kriegskindheit

SPLINTERED INNOCENCE
An Intuitive Approach to Treating War Trauma

SCHLAFLOSER MOND
Im Labyrinth des Chronischen Erschöpfungssyndroms

LICHT IN DEN OZEAN DES UNBEWUSSTEN
*Vom intuitiven Denken zur Intuitiven Diagnostik.
Ein Leitfaden in den Denkraum*

LAVATANZ
Worte im schwebenden Raum

ESTHER K.
genannt Emma. Eine Märchenfantasie

LICHTSCHNEE
Im Wortraum

DIE TAGE AM WORTSEE
Roman

VERSECIRCUS

Koautor, mit Dr. Hildegund Heinl, des Buches

KÖRPERSCHMERZ – SEELENSCHMERZ
Die Psychosomatik des Bewegungssystems. Ein Leitfaden

BÜCHER VON HILDEGUND HEINL UND PETER HEINL

IM THINKAEON VERLAG

Neu erschienen als Buch und als EBook

**UND WIEDER
BLÜHEN DIE ROSEN**
Mein Leben nach dem Schlaganfall

Erstmals erschienen bei Kösel, München, 2001

Heinl, H.: Thinkaeon, London, 2015 (Neuauflage)

Erhältlich über www.Amazon.de

„MAIKÄFER FLIEG,
DEIN VATER IST IM KRIEG ..."
Seelische Wunden aus der Kriegskindheit
Heinl, P.: Kösel, München, 1994, (8. Auflage)

Neu erschienen als Buch und als EBook

„MAIKÄFER FLIEG, DEIN VATER
IST IM KRIEG ..."
Seelische Wunden aus der Kriegskindheit
Erstmals erschienen bei Kösel, München, 1994
Heinl, P.: Thinkaeon, London, 2015
Erhältlich über www.Amazon.de

KÖRPERSCHMERZ-SEELENSCHMERZ

Die Psychosomatik des Bewegungssystems
Ein Leitfaden

Heinl, H. und Heinl. P.: Kösel, München 2004
(6. Auflage)

Neu erschienen als Buch und als EBook

KÖRPERSCHMERZ-SEELENSCHMERZ

Die Psychosomatik des Bewegungssystems
Ein Leitfaden

Erstmals erschienen bei Kösel, München, 2004

Heinl, H. und Heinl. P.: Thinkaeon, London, 2015
(Neuauflage)

Erhältlich über www.Amazon.de

Neu erschienen als Buch und als EBook

LICHT IN DEN OZEAN DES UNBEWUSSTEN

Vom intuitiven Denken zur Intuitiven Diagnostik
Ein Leitfaden in den Denkraum

Heinl, P.: Thinkaeon, London, 2014

Erhältlich über www.Amazon.de

Soon available

LIGHT INTO THE OCEAN OF THE UNCONSCIOUS

From Intuitive Thinking to Intuitive Diagnostics
A Path into the Realm of Thinking

Heinl, P.: Thinkaeon, London, 2017

Soon available via Amazon

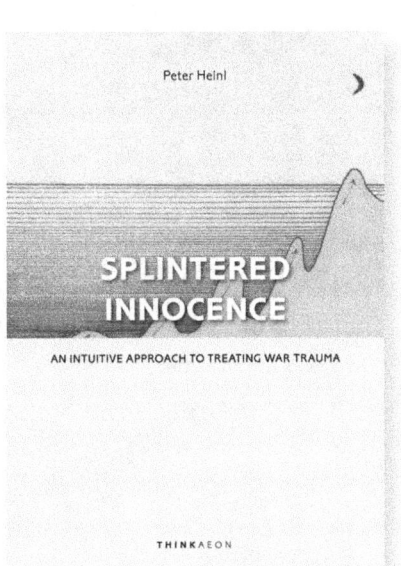

Neu erschienen als Buch und als EBook
SPLINTERED INNOCENCE
An Intuitive Approach to Treating War Trauma
Erstmals erschienen bei Routledge, London-New York, 2001
Heinl, P.: Thinkaeon, London, 2015
Erhältlich über www.Amazon.de

Neu erschienen als Buch und als EBook
SCHLAFLOSER MOND
Im Labyrinth des Chronischen Erschöpfungssyndroms
Heinl, P.: Thinkaeon, London, 2016
Erhältlich über www.Amazon.de

Neu erschienen als Buch und als EBook
LAVATANZ
Worte im schwebenden Raum
Heinl, P.: Thinkaeon, London, 2016
Erhältlich über www.Amazon.de

Neu erschienen als Buch und als EBook
**ESTHER K.
GENANNT EMMA**
Eine Märchenfantasie
Heinl, P.: Thinkaeon, London, 2016
Erhältlich über www.Amazon.de

Neu erschienen als Buch und als EBook

LICHTSCHNEE

im Wortraum

Heinl, P.: Thinkaeon, London, 2016

Erhältlich über www.Amazon.de

Neu erschienen als Buch und als EBook

DIE TAGE AM WORTSEE

Roman

Heinl, P.: Thinkaeon, London, 2016

Erhältlich über www.Amazon.de

Neu erschienen als Buch und als EBook

VERSECIRCUS

Heinl, P.: Thinkaeon, London, 2016

Erhältlich über www.Amazon.de

www.ingramcontent.com/pod-product-compliance
Lightning Source LLC
Chambersburg PA
CBHW071005160426
43193CB00012B/1925